Peter Orthofer
gewidmet

Bruno  Haberzettl

ÖSTERREICH

Die *gezeichnete* Geschichte

Mit historischen Texten von

Alfred Schierer

und Bildtexten von

Bruno Haberzettl

UEBERREUTER

ALFRED SCHIERER
Geboren 1967 in Wien-Brigittenau. Studium der Geschichte ebenfalls in Wien, wo er derzeit in Simmering wohnt und am Alsergrund seiner Tätigkeit im Verlag nachgeht.

ISBN 978-3-8000-7327-6

Cover und Gestaltung: Maria Schuster

Druck: Ueberreuter Print, A-2100 Korneuburg
7 6 5 4 3 2 1

Ueberreuter im Internet: www.ueberreuter.at

INHALT

URGESCHICHTE

Am Anfang war es zunächst mal vorwiegend kalt. Eis und Schnee hatten das Sagen. Die Eiszeit zeigte sich in den Alpengebieten von ihrer unangenehmsten Seite. Nur einige wenige Menschen trotzten den widrigen äußerlichen Bedingungen und verbrachten die sogenannte mittlere Altsteinzeit (150 000 bis 80 000 v. Chr.) in unseren Gegenden.

Die damalige Lebensform könnte man als alternativ oder besser als sehr einfach bezeichnen. Noch gab es keine festen Wohnsitze oder gar Häuser, die Menschen lebten vom Jagen und vom Sammeln und Zufluchtsorte waren Höhlen. Diese Höhlen finden sich sowohl als Tieflandstationen wie als Höhenstationen in den Kalkalpen. Die Gudenushöhle in Niederösterreich im Kremstal ist ein typischer Vertreter einer Tieflandstation. Darin wurden auch zahlreiche einfache Werkzeuge gefunden: Faustkeile, Handspitzen, Schaber und Bohrer aus Hornstein, Quarzit und Bergkristall. Aber auch Knochen von Höhlenbären, Höhlenhyänen, Mammuts und Wildpferden wurden hier von unseren Urahnen etwas sorglos entsorgt.

Zwischen 80 000 und 10 000 v. Chr. bot das Klima im Donauraum nun bessere Voraussetzungen, dass wir Menschen uns breitmachen konnten, und unsere Werkzeuge wurden auch um einiges gefinkelter und gevifter. Wir benutzten schon Klingen, Nadeln und Sicheln, und da die Frauen das Sagen hatten, wurde auch auf die Entwicklung der Schmuckgegenstände besonderer Wert gelegt. Und natürlich gaben sich die Frauen auch nicht mehr mit kalten Höhlen zufrieden, der neueste Trend waren nun Wohngruben.

Und weil die Steinzeit nicht allzu viel Abwechslung bot, begannen die Menschen sich auch künstlerisch zu betätigen. Höhlen wurden bemalt, weil das gut aussah, und erste Statuen wurden gebildet. Die berühmteste heute noch existierende ist die sogenannte „Venus von Willendorf“. Ihr Alter wird auf 25 000 bis 30 000 Jahre geschätzt. Mit ihren 11 cm Größe ist sie eines der ältesten Kunstwerke der Welt. Bis vor Kurzem war es sogar überhaupt das älteste erhaltene Kunstobjekt, doch auch da mussten uns unsere nördlichen Nachbarn reinpfuschen und fanden erst vor Kurzem eine noch ältere bearbeitete Steinfigur.

Ja und dann wurde es Zeit, das ständige Herumtreiben sein zu lassen und langsam aber sicher sesshaft zu werden.

Wer bei gründlicher Ahnenforschung bis an die Wurzeln, also bis hin zum Ur-Österreicher dringt, wird wahrscheinlich entsetzt sein! (Ur, Ur, Ur)^5-Opi ist ein vulgärer Jäger und Säufer, haust in Felsnischen und hat, wie seine Betätigungen zeigen, noch nichts mit dem modernen Menschen zu tun.

Trotz seiner abgründigen Stumpfsinnigkeit und seinem eingeschränkten Betätigungsfeld hat unser Urahn einen scharfen Blick für das Schöne. An den Donauufern lebt zu dieser Zeit Mariandl, eine besonders dralle Varietékünstlerin mit dem Shownamen „Venus von Willendorf". Sie versteht es wie keine andere, modisch und sinnlich wie sie ist, die damalige Männerwelt zu fesseln …

DIE FRÜHGESCHICHTE

Die Phase zwischen 10 000 und 5000 v. Chr. ist gekennzeichnet durch das Sesshaftwerden des Menschen. Das Klima verbesserte sich zusehends, Wälder breiteten sich aus, Bäume kraxelten immer höher hinauf und wir lernten Ackerbau zu betreiben. Und damit begannen wir auch in unseren Breitengraden der Natur unseren Stempel aufzudrücken. Es war Jungsteinzeit (5000 bis 1800 v. Chr.), als wir uns die ersten Haustiere zulegten. Auch erste sogenannte kleine Lang- und Blockhäuser konnten wir schon bauen. Es gab also nun so etwas wie erste Haushalte, da durfte natürlich auch das passende Geschirr nicht fehlen. In der Gegend um Baden war das Fischgrätmuster auf den Keramiken sehr in, die Mondseer liebten Kreis- und Dreiecksmuster und versahen ihre Krüge und sonstigen Gefäße sogar mit Einlegearbeiten, auch Intarsien genannt.

In Tirol waren die Sitten schon immer etwas rauer. Hier trug sich auch der erste bekannte Kriminalfall auf österreichischem Boden zu. Auf dem Hauslabjoch in den Ötztaler Alpen wurde ein ca. 40-jähriger Mann vor etwa 5200 Jahren brutal ermordet. Das

An den Gestaden des Traunsees entsteht erste primitive Handwerkskunst, die später auch als „Gmundner Keramik" bekannt wird.

Den Österreicher kann man getrost als einen kulturellen „Spätzünder" bezeichnen. So gibt es vielerorts schon glanzvolle Hochkulturen mit prachtvollen Bauten wie die Pyramiden in Ägypten oder Paläste im fernen China, während Ötzi samt Anhang noch in einfachen Holzhütten Unterschlupf sucht. Urlaubssafaris durchs wilde Österreich gehören zum absoluten „must" bei der ägyptischen Gesellschaft ...

SPHINXTOURS

Opfer wurde erst im Jahr 1991 n. Chr. gefunden, somit blieb die Tat wegen Verjährung ohne juristische Folgen. Auch konnte die Todesart noch nicht zu 100 Prozent geklärt werden. Zwei Varianten scheinen möglich: Entweder ein Schlag auf den Kopf oder der Mann wurde von einem tödlichen Pfeil getroffen. Ötzi, wie das Opfer genannt wird, hatte auf jeden Fall schon einige Metallgegenstände bei sich, was uns sagt, dass die Steinzeit nun endgültig vorbei war und wir uns mitten in der Kupferzeit befinden. Diese wurde jedoch schon recht bald von der Bronzezeit (ab 1800 v. Chr.) abgelöst.

Metall und dessen Gewinnung wurde immer wichtiger, damit entstanden auch neue Berufe und die Menschen begannen sich auch sozial zu verändern und in Sippen zusammenzuschließen. Damit war es mit der Gleichberechtigung aller Menschen aus der Urgeschichte vorbei, denn ab nun gab es Stammesfürsten und andere, die ein bisschen wichtiger waren als die Übrigen.

Besonders hervorgetan haben sich in dieser Zeit in unseren Gegenden die Hallstätter, welche während der Älteren Eisenzeit (800 bis 400 v. Chr.) gleich eine eigene Kultur gründeten. Und das fanden unsere nördlichen Nachbarn, die Illyrer, irgendwie anziehend und sind uns besuchen gekommen und haben begonnen sich mit den Unsrigen zu vermischen. Diese Nord-Süd-Bewegung hält bis heute an und ist besonders in der Urlaubszeit zu beobachten.

Trotz aller Entwicklungsrückstände gibt es hierzulande auch bedeutende Fortschritte! So fallen in diese Zeit die Erfindung des Rades und die Domestikation des Pferdes. Man geht nicht fehl in der Annahme, dass damit Grundsteine für den späteren touristischen Erfolg gelegt werden …

DIE RÖMER IN ÖSTERREICH

Dann war es soweit. 113 v. Chr. gab es in dem von keltischen Stämmen gegründeten ersten Staatsgebilde „Regnum Noricum" den ersten König auf österreichischem Boden. Das Gebiet umfasste ungefähr das heutige Kärnten, Osttirol, Salzburg, Steiermark, Ober- und Niederösterreich bis zur Donau und teilweise reichte es sogar bis ins Burgenland und nach Westungarn. Doch schon damals wurden Zweifel laut, ob das Reich alleine lebensfähig wäre. Ein Bündnisvertrag, der das Königreich eng an den großen Nachbarn, das Römische Reich, knüpfte, ist Zeichen dafür. Und als die Römer das Land annektierten und ins Reich heimholten, war der Widerstand enden wollend. Im Gegenteil: Die neuen Machthaber wurden sehr freundlich empfangen.

Die Römer waren damit endgültig in Österreich. Und wir fanden das auch irgendwie gut. Denn dadurch gab's auch eine ganze Reihe von praktischen Annehmlichkeiten, die bei uns eingeführt wurden und sich bis heute großer Beliebtheit erfreuen, wie Thermen, Fußbodenheizung und Kanäle. Auch ein richtiges Theater wurde in Virunum in Kärnten gebaut und zwei Amphitheater in Flavia Solva und Carnuntum errichtet. Unterhaltung boten Gladiatorenkämpfe und Tierhetzen. Auf gut Wienerisch: „Jede Menge Hetz."

Das heutige Österreich war in drei römische Provinzen aufgeteilt. In Rätien im Westen (Vorarlberg, Tirol), in Pannonien im Osten (Teile Niederösterreichs und Burgenlands) und in Noricum (der Rest). Nördlich der Donau waren keine Römer zu finden, hier hausten noch eher wild und natürlich die Markomannen und

Viele wanderfreudige Völker entdecken die Reize unseres schönen Landes und bringen den Fremdenverkehr erstmals zum Erblühen ...

Zum hungrigen Wanderer
Man spricht:
bajuwarisch
gotisch
awarisch

Die Römer verändern unsere Landschaft nachhaltig. Noch lange vor der ASFINAG gibt es das dringliche Bestreben, jedes Kaff von Kärnten bis Vindobona miteinander durch „moderne" Straßen zu verbinden ...

Quaden. Deswegen versuchten die Römer ihr Reich entlang der Donau zu befestigen und bauten ca. alle 14 km ein Lager. Alle zusammen sollten den undurchdringlichen Limes bilden. Doch irgendwie war die Donau nicht furchterregend genug und der Limes löchrig wie Schweizer Käse. Da half es auch nichts, dass man verwaltungstechnisch einiges probierte und die Provinzen immer wieder teilte. Selbst der lange Aufenthalt des Kaisers Marc Aurel im Lager Carnuntum an der Donau brachte nicht wirklich etwas. Die Stämme in Europa waren zur großen Völkerwanderung aufgebrochen und das Römische Reich zerfiel.

Eingekeilt zwischen den barbarischen Germanen und den expansionsgeilen Römern machen unsere norischen Vorfahren einfach das Beste aus ihrer Situation: Sie treiben regen Handel mit ihren begehrten Eisenwaren ...

VINDOBONA
CARNVNTVM
BARBARENWECHSEL

Das „Regenwunder" beendet schließlich den 166 Jahre andauernden Krieg gegen die Markomannen. Echte Blondinen aus dem Norden, die witterungsbedingt, ihren Dauerwellen zuliebe, den bestens ausgerüsteten Römern weichen müssen …

SPQR
P

DIE BABENBERGER

Die Bindung mit deutschen Landen hat uns noch nie gutgetan! Und so kann Heinrich Jasomirgott erst nach Lossagung von Bayern das Herzogtum Österreich ausrufen, was mittels „Privilegium minus" mit Kaiser Barbarossa auch vertraglich fixiert wird!

Das war ein buntes Treiben die nächsten Jahrhunderte auf österreichischem Boden! Aus dem Osten kamen die Hunnen, später das mongolische Reitervolk der Awaren, die germanischen Bayern waren ohnehin nicht allzu weit weg und auch die Slawen mochten die Alpen gern. Alle fühlten sich wohl hier und wollten bleiben, was immer wieder zu Streit und Kämpfen führte. Und weil umfehdete Plätze immer auch ein guter Nährboden für Religionen sind, nützten die Christen ihre Chance und bekehrten das Land in drei Phasen.

Ordnung in das ganze Völkerdurcheinander brachte dann erst wieder Karl der Große, der von 768 bis 814 regierte und ein großes Herrschaftsgebilde schuf. Und wir wurden wie schon bei den Römern zur Grenzsicherung eingeteilt. Karl ließ nämlich Grenz-Marken errichten. Auf österreichischem Boden die Awarische (von der Enns bis zum Wienerwald) und die Karantanische (Gebiet Kärntens südlich der Drau bis zur Adria). Die Kärntner Herrscher machten recht bald einen Karrieresprung und wurden schon 976 zu Herzögen befördert. Im Norden und Osten des Landes war's noch unruhiger, nach einem kurzen ungarischen Intermezzo hieß die Mark Ottonische und die Babenberger, die zwar eigentlich nicht so hießen, sondern erst später in der Historiografie diesen Namen verliehen bekamen, begannen ihre 270-jährige Herrschaft. Der erste Herrscher hieß Leopold der

Das Nibelungenlied, geschrieben von einem unbekannten österreichischen Tierschützer: Es handelt von Hagen, der sich für die grausame Ermordung eines seltenen Drachens am Tierquäler Siegfried rächt …

JA SO MIR GOTT HELFE
Ostarrîchi ist frei!

Der Stammvater der Babenberger heißt übrigens Poppo von Grabfeld! Dass man mit so einem Namen nicht Karriere machen kann, ist Bischof Otto von Freising bewusst, weshalb er für eine bessere Zukunft seiner Familie den Künstlernamen Babenberger annimmt …

Erlauchte, dann folgten Heinrich Nummer eins, angeblich war er stark, ein siegreicher Adalbert, gefolgt vom tapferen Ernst. Danach schlugen die Leopolds in der Erbfolge gleich dreimal zu: ein schöner, ein heiliger und ein freigiebiger. Der achte Herrscher der Familie war der zweite Heinrich, der seine Entscheidungen immer mit den Worten: „Ja so mit Gott …" einleitete. Nummer neun war wieder ein Leopold und dieser war vor allem tugendhaft. Sein Sohn hieß Friedrich und war sehr katholisch. Der letzte Leopold wurde der Glorreiche genannt und der letzte Babenberger überhaupt war dann der zweite Friedrich. Der spielte so gerne Krieg, dass ihm gar keine Zeit blieb, männliche Nachkommen zu zeugen, was nach dessen frühem Tod das Aus der Babenberger bedeutete.

Ihr Reich war in den 270 Jahren um ein großes Stück katholischer geworden und von der eher peinlichen Provinzmetropole Pöchlarn verlegten sie ihren Herrschaftssitz mit der Zeit nach Wien. Ja und weil sie gar nicht so schlecht geherrscht hatten, durften sie sich ab 1156 Herzöge nennen und bekamen ab 1192 auch noch die grüne Steiermark dazu. Doch die nächsten Jahrhunderte gehörten einer anderen Familie.

Die erste Jahrtausendwende seit Christi Geburt versetzt die Menschen in panische Angst: Wer noch rechtzeitig in den Himmel kommen will, verschenkt jetzt all sein Hab und Gut an die heilige Kirche …

WE ARE NOT AMUSED

Es ist die große Zeit der Minnesänger und des Burgenbaus. In einer solchen nämlich – auf Dürnstein – wird Richard Löwenherz unter verschärfter Kerkerhaft bis zur Erbringung eines stattlichen Lösegeldes festgehalten …

DIE FRÜHEN HABSBURGER

Rudolf, der erste Habsburger, bestiche die Wiener mit seinem Schweizer Schmäh …

Nach dem Tod des letzten Babenbergers war Österreich nun zwar herrscherlos, aber sehr begehrt. Eine ganze Menge Erbschleicher waren unterwegs: Kaiser Friedrich II. von Hohenstaufen, Markgraf Wladislaw von Mähren und auch der ungarische König Bela IV. von Ungarn wollten sich den Landstrich unter den Nagel reißen. Außerdem stritten noch der Papst und der deutsche Kaiser, wer denn eigentlich über die zukünftigen Machthaber bestimmen dürfe. Zu jener Zeit war die Lebenserwartung meist noch eher gering, deshalb lösten sich oft Konflikte relativ rasch und natürlich. Jede Menge Beteiligte starben und der

Im Marchfeld, noch lange vor dem Anbau von Tiefkühlgemüse, findet die größte Ritterschlacht aller Zeiten statt. Rudolf besiegt seinen Kontrahenten Ottokar und festigt somit seine politische Stellung.

Steirische Landeshauptleute neigen mitunter zur Schrulligkeit! – So auch Ulrich von Liechtenstein, der verkleidet als Frau Venus zu Turnieren von Venedig bis Böhmen reist.
Abbildung links: Tourneeplakat von 1227.

Das Land Tirol ist bei Margarete Maultasch in guten Händen. Eine attraktive Frau mit Temperament, die ihren Ehemann wegen chronischer Lendenschwäche kurzerhand aus ihrer Burg sperrt.
Doch auch sie erliegt der diplomatischen Kunst des jungen Monarchen Rudolf IV., der Stifter, und das Land Tirol geht letztendlich an das Haus Habsburg …

junge 22-jährige Ottokar Przemysl von Böhmen ergriff die Initiative, heiratete die um nicht weniger als 25 Jahre ältere Margarethe von Babenberg und nannte sich von nun an Herzog von Österreich und der Steiermark. 24 Jahre lang kam den Österreichern die Zeit nun ein bisschen »behmisch« vor, doch dann kam Rudolf. Er stammte aus der Schweiz, von der Habichtsburg, wurde zum deutschen König gewählt und zog 1276 in Wien als neuer Herrscher ein. Damit waren sie da, die Habsburger, und sie sollten auch noch ein ganzes schönes Zeitl bleiben.

Zunächst passierten noch Anfängerfehler. Sie verloren relativ rasch die deutsche Kaiserkrone an die Luxemburger und dann teilten sie die Erbländer in die albertinische (österreichische) und die leopoldinische (steirische) Linie. Dem nicht genug, spaltete die leopoldinische sich noch einmal auf, und zwar in einen Tiroler und einen steirischen Zweig. Bei anderen Familien wäre damit die Karriere gelaufen gewesen. Nicht so bei den Habsburgern: 1452 wurde Friedrich III. zum Kaiser gekrönt, und der hatte das Glück, viele seiner Kontrahenten zu überleben, und er einte die habsburgischen Länder wieder. Und nicht nur das: Weil er ziemlich geschickt im Verbandeln und Verkuppeln war, ging's nun ratzfatz und das Habsburgerreich wurde durch Heiraten seiner Nachkommen größer und größer.

IMPOTENZLER
IMPOTENZLER
IMPOTENZLER
IMPOTENZLER
!?

In Fälscherwerkstätten wird mit viel Kreativität und handwerklichem Geschick so manches Testament oder vertragliche Übereinkommen zugunsten des zahlenden Auftraggebers verändert, und so manchem

Suppenhuhn wird post mortem die große Ehre zuteil, für die Anfertigung von Fingerknöchelchen diverser Heiliger zur Verfügung zu stehen, um schließlich an den Hälsen glücklicher Gläubiger zu baumeln.

AUFSTIEG ZUR GROSSMACHT

Irgendwie war Österreich *too small for the Habsburgers* und deswegen sahen sie sich nach neuen Gebieten und Erbmöglichkeiten um. Andere Herrschergeschlechter zogen mit großen Heerscharen in andere Länder und schonten dabei ihre Untertanen nicht, anders die Habsburger, diese schonten vor allem sich selber und alle Heiratskandidaten mit Herrscherstatus nicht, denn sie heirateten alles, was irgendwie nach erben roch. Selbst Johanna, die Wahnsinnige, war vor einem Ja eines Sprosses der Habsburger nicht sicher. Ganz besonders tat sich hier heiratstechnisch Maximilian I. hervor. Er verkuppelte seine Kinder, was das Zeug hielt, unter anderem mit der habsburgischen-jagellonischen Doppelhochzeit, was zur Folge hatte, dass auch Böhmen und Ungarn an die Habsburger fielen. Schon davor wurde das Herrschaftsgebiet mit den sogenannten Vorlanden, Gegenden im Bereich der heutigen Niederlande, und Burgund erweitert und später kam dann auch noch die Krone Spaniens dazu. Kaiser Karl V. hätte rund um die Uhr bei Tageslicht herrschen können, denn in seinem Reich ging die Sonne nicht mehr unter. Denn mit Spanien fielen auch die überseeischen Besitzungen an die Habsburger.

Und wie ging's Herrn und Frau Österreicher? Der Großteil der Bevölkerung waren noch Bauern, und die mussten sowohl den weltlichen als auch den religiösen Herrschern eine ganze Menge Abgaben leisten. Oft so viel, dass ihnen selbst nicht mehr allzu viel zu leben blieb. Bauernschlau wie sie waren, rotteten sie sich zusammen und es passierte etwas ganz Ungewöhnliches in Österreich. Es kam 1525/26 zu Bauernaufständen. In Salzburg hielten die Bauern, Bürger und auch Bergknappen zusammen und brachten so im Juni 1525 unter dem Anführer Matthias Stockel das ganze Salzburger Land unter Kontrolle. Auch in Tirol unter der Leitung von Michael Gaismaier ging's zur Sache und die Steirer zogen ein paar Wochen darauf nach. Doch nicht lange

Die Entwicklung von Feuerwaffen bereitet dem glanzvollen mittelalterlichen Rittertum ein jähes Ende ...

Karl V.: Es herrscht akute imperiale Überdehnung. Nicht nur in der kaiserlichen Hose! Ein riesiges Weltreich, in dem niemals die Sonne untergeht. Wenn da nicht die neidischen Franzosen und die lästigen Türken wären. Und dann noch diese Protestanten unter der Nervensäge Martin Luther!

und die Heere der Herrschenden verrichteten ganze Arbeit und warfen die Aufstände sehr unsanft nieder. Und dann stehen erstmals 1529 die Türken vor den Toren Wiens und wollen hinein und Martin Luther hinterlässt mit seinen Thesenanschlägen Spuren in ganz Europa. Karl V. hat schon vorher erkannt, dass das alles ein Herrscher nicht mehr „handeln" kann, und hat seinem jüngeren Bruder Ferdinand I. die habsburgischen Erblande verantwortet, er selbst zog sich nach Spanien zurück.

Ganz Europa ist dem Hexenwahn verfallen! Und damit das allgegenwärtige Foltern und Verbrennen seine Ordnung hat, entwickelt der Tiroler Mönch Heinrich Institoris mit einem Kollegen den Hexenhammer, eine Anleitung, wie mit Zaubergesindel zu verfahren ist!

Kaiser Friedrich III.: die steirische Erzschlafmütze. Durch und durch ein Defensivspieler, sowohl in der Politik als auch im Ehebett! Langweilt seine Frau, eine temperamentvolle Portugiesin, schon in jungen Jahren zu Tode. Hobbys: Alchemie und Zukunftsinterpretationen aus Edelsteinen und Mäusekot.

Sein Sohn Maximilian I.: der letzte Ritter. Vatis Aussehen und Muttis Temperament. Im Gegensatz zu Friedrich ein lebenslustiger Sunnyboy. Als wahrer Champion holt er in zahlreichen Turnieren Edelmetall. Maximilian zeichnet sich als Förderer der schönen Künste aus und ist selbst Dichter. Durch seine kluge Heiratspolitik vermehrt er entscheidend den Einfluss Habsburgs. Hobbys: Turnierkampf und die Liebe (Vater von 72 Söhnen).

Reformation und Gegenreformation – alles im Namen der Wahrheit!
Was Gott will, wissen sowohl Protestanten als auch Katholiken ganz genau. Und da niemand nachgeben möchte, endet alles schließlich in einem dreißigjährigen Blutbad …

Rudolf II.: der Einsiedler auf dem Hradschin. Ein eigenwilliger Kunstliebhaber, der die Einsamkeit sucht und das Regieren lieber seinem Kammerdiener Philipp Lang überlässt. Als leidenschaftlicher Alchemist ist er knapp davor, ein Elixier zu entwickeln, das ewiges Leben, wenn nicht sogar ewige Jugend verspricht! – Doch dann kommt die neidische Verwandtschaft. Im Zuge eines Familienrates wird Rudolf wegen „gefährlicher Gemütsblödigkeit" entmachtet. Sein Bruder Matthias, später auch Kaiser, übernimmt die Regierungsgeschäfte.

Rudolfs Lieblingsmaler ist eindeutig Giuseppe Arcimboldo, Schöpfer des Manierismus. Bekannt sind seine Obst- und Gemüseköpfe. Abbildung links: Frühes Selbstporträt des Künstlers.

DAS 17. JAHRHUNDERT

Nein, das 17. Jahrhundert war kein Honiglecken. Österreich und seine Bewohner taumelten von einer Krise in die nächste. Gleich zu Beginn herrschte der schwer melancholische Kaiser Rudolf II. Er lebte zurückgezogen am Hradschin in Prag und man munkelte, dass er der schwarzen Magie anhing. Das war besonders seinem Bruder Matthias peinlich, der diesem seltsamen Treiben ein Ende setzen wollte. Der Bruderzwist war ausgebrochen. Kaum war Rudolf gestorben und damit der Streit auf natürliche Weise beigelegt, war Prag schon wieder im Blickpunkt der Weltgeschichte. Abgesandte einer protestantischen Adelsversammlung warfen zwei kaiserliche Statthalter aus dem Fenster der böhmischen Kanzlei und begannen damit den böhmischen Aufstand gegen den katholischen Landesherrn. Der katholische Kaiser rückte gemeinsam mit dem bayrischen König an und löste damit eine Kettenreaktion aus, die zum 30-jährigen Krieg führte. Wer da gegen wen und warum kämpfte, war nicht immer so ganz klar. Irgendwie hatte das alles mit Katholiken, Lutheranern und Calvinisten zu tun. Auf jeden Fall spielte dann irgendwann auch der berühmte Feldherr Wallenstein eine Rolle und selbst die eher friedlichen Schweden ließen sich diesmal in die Kriegswirren mit hineinziehen. Die Bewohner, die unter den vielen Kriegen und Schlachten sehr litten, konnten erst wieder 1648 nach Abschluss des Westfälischen Friedens aufatmen.

Großwesir Kara Mustafa pflegt einen „besonderen" Umgang mit Kriegsgefangenen.

31 Jahre war dann Katastrophenpause, bis in Österreich die Pest viele Opfer forderte. 1683 standen zum zweiten Mal die Türken vor den Toren Wiens und dieses Mal machten die Angreifer keine halben Sachen. Der Großwesir Kara Mustafa hatte ein riesiges Heer mit 150 000 Mann und 300 Kanonen dabei. Der Habsburger-Kaiser Leopold I. erkannte die Gefahr und flüchtete am 7. Juli nach

Wer ist dieses Ausnahmetalent Prinz Eugen von Savoyen, der den Türken das Fürchten lehrt? – Auf der einen Seite ein kaltblütiger Krieger und brillanter Stratege, auf der anderen Seite Diplomat, Kunstmäzen, Bücherfreund und Bauherr …

Dass die Juden in schwarzen Messen Ritualmorde an kleinen Christenkindern begehen, ist wohl weitgehend bekannt. Welchen Unbill dieses Volk aber noch mit sich bringt, wird von charismatischen Predigern, wie Abraham a Sancta Clara, in zahlreichen Workshops mit dem gläubigen Volk erarbeitet …

Linz. Eine Woche darauf begann die Belagerung, die sich bis in den September hinzog. Alles sah schon nach einer Niederlage der Wiener aus, als ein Reiterheer aus Polen zur Verstärkung kam und gemeinsam mit der kaiserlichen Armee die Belagerer in die Flucht schlug. Schon damals dabei war der 19-jährige Prinz Eugen, der die nächsten Jahrzehnte immer wieder damit beschäftigt war, die Türken erfolgreich zu bekämpfen und auf den Balkan zurückzudrängen.

Kaiser Leopold I. liebt die Selbstinszenierung bis zur Lächerlichkeit. Der Stifter der Pestsäule am Wiener Graben hier bei der ersten Wiener Kaffeehaus-Eröffnung des Kaiserlichen Kundschafters Franz Kolschitzky …

WIEN DARF NICHT ISTANBUL WERDEN
HAUTS DE OASCHLECHA AUSSE!
DAHAM STATT ISLAM!!

Bei Verunreinigung oder gar Zerstörung von Eigentum der Gemeinde Wien wird selbst der friedlichste Hausmeister zum Berserker. – Diesen Umstand macht sich der findige Stadtkommandant Graf Starhemberg zunutze und schickt sein Hausbesorger-Regiment an die vorderste Linie. Entsetzt und völlig demoralisiert ob der Wortgewalt der Verteidiger suchen die Horden der „goldenen Pforte" das sichere Weite …

DAS ZEITALTER MARIA THERESIAS

Endlich war der heiß ersehnte männliche Nachfolger da. Er hieß Leopold und Kaiser Karl VI. war außer sich vor Freude. Doch der Bub war von Anfang an kränklich und starb noch im ersten Lebensjahr. Das Reich stand nun ohne männlichen Thronfolger da. Der Kaiser fasste einen für damalige Zeiten unglaublichen Entschluss: Er bestimmte seine älteste Tochter zur Nachfolgerin. Um das durchzusetzen, musste er sich was einfallen lassen. Also ließ er die „Pragmatische Sanktion" aufsetzen und alle wesentlichen Menschen im In- und Ausland darauf schwören und unterschreiben, dass sie seine Tochter als neue Machthaberin akzeptieren würden. Doch manches Papier ist nicht einmal das Geld wert, auf das es geschrieben wurde. Denn schon 57 Tage nach Karls Tod 1740 griffen die Preußen an. Und das nicht nur einmal, nein, gleich viermal zwangen sie Maria Theresia einen Krieg auf. 1765 war's dann doch so weit, die Kaiserin, die eigentlich keine war, denn sie hatte die offizielle Krönung aus Kostengründen abgelehnt, aber das hielt weder Zeitgenossen noch Historiker ab, sie trotzdem so zu nennen, konnte noch 15 Jahre in Frieden regieren. Neben all den Scherereien brachte sie sage und schreibe 16 Kinder auf die Welt. Und weil das alles ein wenig viel war, besonders nach dem Tod ihres Mannes, holte sie sich ihren ältesten Sohn Joseph zur Seite. Der durfte schon ein bisschen mitregieren. Wie die Jugend halt so ist, hatte er jede Menge neumodische Ideen. Die Phase der Aufklärung war in Europa der neueste Trend. Maria Theresia hatte zwar ohnehin schon die allgemeine Schulpflicht (1774) eingeführt, doch dann forderte der Bursche doch glatt die Aufhebung der Leibeigenschaft und noch viel mehr. Als die Mutter 1780 starb, erhöhte Joseph II. noch das Tempo der Re-

Eine von der Kaiserin einberufene Keuschheitskommission achtet auf Zucht und Ordnung in der Wiener Gesellschaft …

Joseph II., der auch zum Pflug greift, um seine Volksverbundenheit zu demonstrieren, macht kurzerhand Schluss mit alten Privilegien. Das bekommt auch die katholische Kirche zu spüren …

volution von oben. Er begann sich auch mit der katholischen Kirche anzulegen. Er ließ das Toleranzpatent und die Zivil-Ehe einführen. Er hatte Ideen über Ideen, wie man sein Land reformieren sollte, und erließ ein Gesetz nach dem anderen, frei nach dem Motto „speed kills". Das überforderte seine Untertanen und er musste vieles wieder zurücknehmen. 1790 wurde sein Bruder Leopold II. sein Nachfolger. Doch kaum war man ihn gewohnt, starb er zwei Jahre darauf schon wieder. Franz II. übernahm das Zepter, Reformen von oben gab's nun keine mehr, denn einerseits häuften sich im Kaiserreich die Probleme, was dazu führte, dass der Kaiser die Krone des „Heiligen Römischen Reiches Deutscher Nation" zurücklegte und stattdessen 1806 das Kaiserreich Österreich gründete. Andererseits begannen die Franzosen zu nerven. Zunächst mit einer Revolution, die ganz Europa erschütterte, und dann mit dem Emporkömmling Napoleon, der zwar angeblich blitzgescheit und multitaskfähig war, aber auch das Ziel hatte, ganz Europa zu beherrschen.

Friedrich
II.

Das Kaiserpaar Maria Theresia und Franz I. im Kreise ihrer Kinder. Die Einführung der Schulpflicht war wohl nur eine Frage der Zeit ...

Franz I., ein Förderer von Wissenschaften und Forschung, gründet die Menagerie Schönbrunn …

Die Abschaffung der Folter

Das Finale von „Österreich sucht den Superstar" findet in den glanzvollen Räumen des Schlosses Schönbrunn vor erlauchter Gesellschaft statt. Siegerin wird die 6-jährige Waltraud v. Haas, die mit einem berührenden Heimatlied die Herzen des Auditoriums erobert. Begleitet wird sie von dem zweitplatzierten, ebenfalls 6-jährigen W. A. Mozart.

Doch wie das Leben so spielt, versiegt der Siegesglanz der kleinen Waltraud rasch. Sie verarmt und fristet ein erbärmliches Dasein im Marchfeld, nur am Leben erhalten durch kostenlose Ausspeisungen des dortigen Hofes. Mozart hingegen wird zum absoluten und internationalen Superstar. Umgeben von Glanz und Elend, Skandalen und Geniestreichen, erobert er alle Herzen, insbesondere die der Damenwelt …

Der kleine Mozart entdeckt die gleichnamigen Kugeln …

NAPOLEON IN ÖSTERREICH

Kaiser Franz II. ist auch gleichzeitig der I. Das mit der Nummerierung ist nicht immer ganz so leicht bei den Habsburgern und hat schon viele Schüler und Schülerinnen schwer verwirrt. Noch schlimmer ist das bei Friedrich III., der auch noch der V. und der I. war, aber das war schon lange her. Nun hatten die Habsburger ihr eigenes Kaiserreich gegründet, denn der deutsche Kaiser hatte eigentlich nichts mehr zu bestimmen und das war Franz II. zu blöd und er wurde lieber Franz I. von Österreich und den sonstigen Herrschaftsgebieten der Habsburger. Es hätte alles so schön und einfach sein können, wenn da nicht dieser kleinwüchsige Franzose ganz Europa verrückt gemacht hätte. Ein aus dem Nichts kommender Mann mit Namen Napoleon Bonaparte hatte doch glatt die Frechheit besessen, sich zum Kaiser der Franzosen ausrufen zu lassen. Außerdem begann er immer mehr Gebiete in Europa und Afrika zu erobern. So marschierte er schließlich auch in Österreich ein. Die Tiroler, eigenständig wie sie sind, begannen sich zu wehren. Die Stunde des Andreas Hofer hatte geschlagen. Mit den Tiroler Schützen gelang es ihm, die Oberhoheit in Tirol zu erlangen. Doch in der Zwischenzeit hatte Napoleon Wien eingenommen.

Da war guter Rat teuer, man begann zu verhandeln und konnte ein paar Monate später den „Frieden von Schönbrunn" unterzeichnen. Dem damaligen Staatskanzler fiel der alte Slogan der Habsburger ein: „Andere mögen Kriege führen, du, glückliches Österreich, heirate!" Und man bot dem Franzosen die älteste Tochter von Kaiser Franz, Marie Louise, an. Und zur Mitgift gab's auch noch eine ganze Reihe von Gebieten und Ländern als Draufgabe. Tirol fiel an das mit Napoleon verbündete Bayern. Damit waren die Truppen um Andreas Hofer nun auf sich alleine gestellt und das französische Heer konnte den Tiroler Anführer schnell ausfindig machen. Am 20. Februar 1810 wurde er bei Mantua, wie jeder Tiroler auch heute noch im Schlaf weiß, erschossen.

Für Napoleon ging das fröhliche Ländererobern weiter. Es zog ihn, wie ca. 130 Jahre später Adolf Hitler, nach Moskau, da er auch Russland in die Knie zwingen wollte. Das ging aber gehörig in die Hose. Bei der Dreikaiserschlacht in der Nähe von Leipzig wurden er und seine Truppen vernichtend geschlagen. Er wurde auf die Insel Elba verbannt, doch bei sich dachte er: „Heute ist nicht alle Tage, ich komm wieder, keine Frage."

Joseph II. urteilt über seinen Neffen Franz: ein verzogenes Mutterkindchen, zeigt eine unermessliche Eigenliebe, eine Trägheit im Handeln und Denken, letztendlich ein Weichling, der zum Staatsmann nicht taugt!
Franz I. wird dennoch zu einem der längstdienenden, vom Volk geliebten, ersten rein österreichischen Kaiser! Nach außen hin volksnah und bescheiden („der gute Kaiser Franz"), führt er die Staatsgeschäfte diktatorisch und geht grausam gegen „revolutionäre Intellektuelle" vor! Aber so, dass an ihm nichts haften bleibt …

So manchem Froschfresser bleibt eben dieser im Halse stecken, als er der wild entschlossenen Mander unter der Führung des Hofer Andreas und des heiligen Tiroler Geistes gewahr wird! Berg Isel: Niemals, unter keinen Umständen würden diese braven Tiroler aus Ischgl, Kitzbühel, Lech und Sölden ihr geliebtes Land den Fremden überlassen ...

* *Sapperlot*

Die unsichere politische Lage lässt viele Urlauber vorzeitig die Heimreise antreten! – Ein Nächtigungsplus von nur 4 Prozent!! erschüttert die heimische Tourismuswirtschaft ...

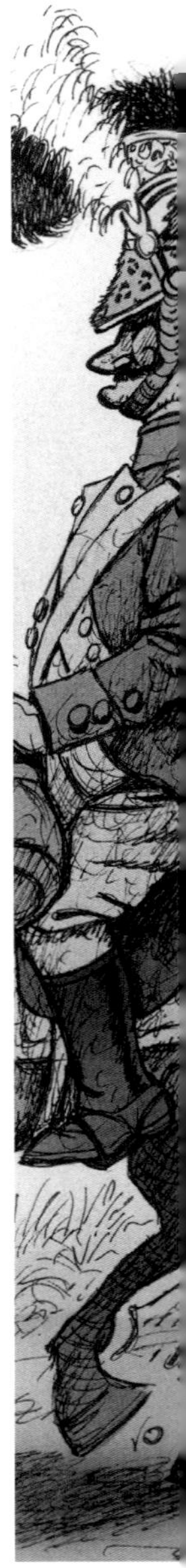

„Zu Mantua in Banden der treue Hofer war, in Mantua zu Tode führt ihn der Feinde Schar …" – So beklagt das Andreas-Hofer-Lied das Ende des Tiroler Märtyrers. Bezwungen nur durch die militärische Übermacht der Ungläubigen …

WIENER KONGRESS

Napoleon war besiegt, doch Europa war nicht mehr das, was es einmal war. Alles war durcheinandergeraten. Bei einer großen Konferenz sollte der alte Kontinent neu aufgeteilt und geordnet werden. Der Wiener Kongress wurde einberufen. Die diplomatischen Vertreter von rund 200 Staaten, Herrschaften, Städten und Körperschaften kamen in die Donaumetropole. Doch schon bald hieß es: „Der Kongress tanzt, aber er kommt nicht voran." Da witterte Napoleon noch einmal seine Chance, floh aus der Verbannung und setzte zu den nächsten Angriffen an. Der Kongress wurde daraufhin rasch abgeschlossen und gemeinsame Truppen aufgestellt. Und diesmal ging's schnell: Am 18. Juni 1815 erlebte Napoleon

Staatskanzler Fürst Clemens Metternich mit Kaiser Ferdinand I. Die große Zeit des Spitzel- und Zensurwesens! Gosch'n halten, Hände falten! – Mit dieser Devise kommt man wohl am besten über die Runden ...

80 000 Gulden verschlingt der Wiener Kongress pro Tag! – Ein Luxus, den man sich bei Weitem nicht leisten kann. Wäre da nicht das Bankhaus Rothschild, das die Staatskassen auffüllt. Aber der kulturelle und gesellschaftliche Höhenflug des Biedermeier täuscht! – Unter dem oberflächlichen Glanz verbirgt sich die angespannte Lage des Vormärz …

bei Waterloo sein Waterloo und wurde endgültig verbannt – diesmal zur Sicherheit weiter weg: auf die Insel Helena im südlichen Atlantik, auf der er 1821 starb.

In Österreich wurde es nun ganz schön bieder. Staatskanzler Metternich führte im Namen seiner Kaiser ein Spitzelwesen ein, das die Menschen ihr Glück im Privaten suchen ließ. Schon unter Franz I. und erst recht unter seinem Nachfolger Ferdinand I., auch der Gütige genannt oder auch hinter vorgehaltener Hand der Einfältige, denn Intelligenz war nicht so sein Ding, ging ohne den gehassten Staatskanzler gar nichts mehr. Mit aller Härte und einem polizeistaatlichen Regiment versuchte er, liberale Strömungen zu unterbinden. Doch irgendwie roch alles nach Umbruch: Es gab durch neue

Techniken einen wirtschaftlichen Aufschwung, aber nicht für alle, sondern ganz im Gegenteil. Die sozialen Spannungen wurden immer größer und die Bevölkerung, die Not litt, immer zahlreicher. Das alte System der hausherrschaftlichen Bindungen begann sich aufzulösen und es standen nun freie Arbeitskräfte zur Verfügung, die im Lauf der nächsten Jahrzehnte zum Industrieproletariat wurden. Schon der „gute Kaiser Franz" unternahm wenig bis gar nichts, um diese Nöte zu bekämpfen, das setzte sich erst recht unter Ferdinand fort. Und als dann 1848 die seit Langem aufgestaute Unzufriedenheit explodierte und Aufständische eine Revolution starteten, war des Kaisers erstaunter Kommentar: „Ja, dürfen's denn das?"

Was als Karriereknick beginnt, soll sich für Erzherzog Johann letztendlich als persönliches Lebensglück erweisen. Von Kaiser Franz I. wegen seiner liberal-intellektuellen Kontakte in die Steiermark „strafversetzt", entdeckt er seine Liebe zu diesem Landstrich und seinen Bewohnern! Eine hat es ihm besonders angetan: Anna Plochl aus Aussee – eine Bürgerliche, die sogar seine Ehefrau wird …

Das große Misstrauen zieht sich durch alle Schichten! Wer auch nur ein bisschen nach Revolution riecht, findet sich hinter schwedischen Gardinen wieder …

Die „Kaiser-Ferdinand-Nord-Bahn", Österreichs erste Dampfeisenbahn, verkehrt zwischen Deutsch-Wagram und Floridsdorf. Mit ihr zieht auch das Industriezeitalter mit seinen drastischen Veränderungen herauf …

Fräulein Anna, darf ich's wagen?
GEH SCHO HER, DU DAMISCHER HIRSCH!

DER NEOABSOLUTISMUS

Unglaublich, aber wahr: In Österreich wurde nicht nur gemeckert, nein es gab nun auch so wie in vielen Ländern Europas eine Revolution. Zu viele waren mit ihrer Situation unzufrieden. Die Intellektuellen wollten nicht mehr zensuriert werden, die Gewerbetreibenden verdienten noch kaum etwas, weil die industrielle Konkurrenz viel billiger produzierte, die Arbeiter arbeiteten viel, bekamen wenig bis gar nichts und hatten keine Rechte, und selbst die Beamten waren sauer, da die überhandnehmende Bürokratie dazu führte, dass es nun verdammt viele Akten anzulegen gab.

Die Revolution ist wegen der Uneinigkeit seiner Protagonisten schon im Vorhinein zum Scheitern verurteilt ...

NATIONALE
REVOLUTION
BÜRGERLICH
-LIBERALE
REVOLUTION
SOZIALE
REVOLUTION
Sexuelle
Revolution

Es herbstelt schon gewaltig im Leben von Feldmarschall Johann Josef Wenzel Graf Radetzky (82 J.), als er zum Retter der Monarchie und zum Schrecken der Italiener aufsteigt! Der (nord-)italienische Unabhängigkeitsgedanke führt zu Straßenschlachten in Mailand, wobei die Aufständischen Hilfe von Piemont-Sardinien erhalten. Radetzky aber bläst den Rebellen ordentlich den Marsch …

Besonders in Wien ging's rund, woraufhin der Staatskanzler Metternich nach London floh, der Kriegsminister tat dies zu spät, er wurde von der wütenden Menge an einem Laternenmast aufgehängt. Doch schon bald siegten die antirevolutionären Kräfte. Die Aufständischen wurden, auch mit leichten Zugeständnissen wie einer (kurzlebigen) Verfassung, beruhigt. Außerdem erkannten die Habsburger, dass sie sich personell besser aufstellen mussten.

Der 18-jährige Franz Joseph, ein Neffe Ferdinands, wurde als neuer Herrscher installiert. Das Sagen aber hatte eigentlich seine Mutter, Erzherzogin Sophie. Ihr Ziel war es, mit dem ganzen neumodischen Gedankengut und politischen Ideen aufzuräumen. Franz Joseph herrschte wieder „von Gottes Gnaden" und alleine. Sein Ahn Joseph II. rotierte zu jener Zeit wahrscheinlich im Grabe, denn fast alles, was er reformmäßig weitergebracht hatte, wurde nun zurückgenommen. Damit waren zwar nicht al-

Ein Messerattentat auf Kaiser Franz Joseph kann dank Einschreitens eines couragierten Bürgers und Gottes Fügung gerade noch verhindert werden. Der brave Fleischermeister wirft sich todesmutig auf den Attentäter (ein hinterhältiges ungarisches Schneiderlein), um ihn auf der Stelle zu Salami zu verarbeiten! Als kleines Dankeschön gibt es für Wien die Votivkirche und für den Helden einen Adelstitel …

le einverstanden, wie das Attentat auf den Kaiser eines jungen ungarischen Schneiders im Jahr 1853 zeigte, aber es fehlte an Widerstandskraft.

Die Mutter beschloss, es müsste was fürs Image passieren, etwas, das die Aufmerksamkeit von den Problemen ablenkte. Und was gibt's da Besseres als eine Hochzeit mit allem was dazugehört. Sie hatte schnell eine passende Gemahlin gefunden, doch der Sohn begehrte auf und entschied sich nicht für die ihm zugedachte Braut, sondern verliebte sich Hals über Kopf in deren blutjunge Schwester Elisabeth. Das Volk liebte seine junge Kaiserin, doch nur kurze Zeit konnte dies über die Probleme hinwegtäuschen. Einerseits gab es zwischen Schwiegertochter und -mutter zahlreiche Reibereien und außerdem entstanden immer neue innen- und außenpolitische Schwierigkeiten. Mit der Niederlage bei Königgrätz 1866 erreichten diese ihren Höhepunkt und bald darauf begann eine neue Ära: die k. u. k. Doppelmonarchie.

Trieb im griechischen Labyrinth einst der stierköpfige Minotaurus sein Unwesen, so ist es in Schönbrunn Sisis Schwiegermonster! Was mit einer Traumhochzeit für die junge bayrische Prinzessin so romantisch beginnt, wird schon bald durch die steife Etikette am Wiener Hof und die Gefühlsarmut des jungen Kaisers abgelöst …

FRANZ
FRANZ
SISI

DIE DOPPELMONARCHIE ÖSTERREICH-UNGARN

Irgendwie bestätigte sich im Laufe der Geschichte immer wieder, dass das Kriegführen nicht so wirklich die Stärke der Habsburger war. Das setzte sich auch unter Franz Joseph fort. So verlor man 1859 die Schlacht bei Solferino und damit die Lombardei, Modena und die Toskana. Und 1866 kam's noch dicker, da ging die Schlacht bei Königgrätz gegen die Preußen vollkommen daneben. Das schwächte den Kaiser sowohl außen- als auch innenpolitisch, was die Ungarn perfekt ausnutzten und 1867 den sogenannten „Ausgleich" verhandelten. Damit war das Reichsgebiet zweigeteilt und das Verwirrspiel mit k. k. und k. u. k. konnte losgehen.

Dieser Ausgleich verschärfte aber nun das sogenannte Nationalitätenproblem. Die anderen Nationen wollten dieselben Rechte wie die Ungarn.

Daneben interessierten sich auch immer mehr Menschen für Politik und wollten sich von der Bevormundung der derzeitigen Machthaber emanzipieren. Da waren mal die Sozialdemokraten, die sich endgültig 1889 einigten und zur politischen Kraft wurden, dann noch die Christlichsozialen, die vor allem von Bauern und Bürgern dominiert wurden, und dann gab's auch schon damals die Deutschnationalen, die vor allem mit dem punkteten, was sie nicht wollten; sie waren unter anderem antisemitisch und antiklerikal.

Der Kaiser hatte politische und militärische Probleme, aber gegen seine familiären waren diese, etwas salopp formuliert, ein Lärcherlschas. Da waren einmal seine Brüder, Ludwig Viktor – „Luziwuzi" genannt – ständig in den Society-Klatschspalten, der andere – Maximilian – war ihm etwas zu engagiert und wollte ihm zu sehr nachfolgen. Damit dieser nicht weiter nervte, wurde er auf einen anderen Erdteil geschickt, um dort den Kaiser von Mexiko zu spielen, was ihn aber bald das Leben kostete. Franz Josephs Sohn Rudolf sympathisierte mit revolutionären Gedanken, war Drogenexperimenten nicht abgeneigt und auch der einen oder anderen Affäre. Das gipfelte in der Tragödie von Mayerling, wo Rudolf unter mysteriösen Umständen gemeinsam mit der 17-jährigen Mary Vetsera ums Leben kam. Und dann noch seine Frau Elisabeth, die von Anfang an mit seiner Mutter nicht konnte und sehr bald mehr fort als da war. Ihr tragisches Ende fand sie 1898 in Genf als Opfer eines Attentats. Nein, dem Kaiser blieb wirklich wenig erspart und es sollte in derselben Tonart weitergehen.

Franz Joseph als Feldherr stellt sich als absolute Katastrophe heraus und beschert der österreichischen Armee schwere Niederlagen im Krieg gegen die Franzosen …

Eine militärische, bisweilen sadistische Erziehung soll dem noch kleinen Kronprinzen Rudolf seine Flausen austreiben und ihn zu einem starken Thronfolger formen! Doch das sensible Kind zerbricht daran …

Dr. Victor Adler gründet die Sozialdemokratische Arbeiterpartei …

Das Jagen ist des Kaisers Lust! Familiäre Tragödien und die politisch schweren Zeiten lassen den ergrauten Monarchen immer öfter in die Weiten seiner Jagdreviere entschwinden …

ERSTER WELTKRIEG

Franz Joseph kam aus dem Trauern nicht mehr heraus. Nach seinem Bruder Maximilian, seinem Sohn Rudolf und seiner Ehefrau Elisabeth verlor er nun auch seinen Neffen und Thronfolger Erzherzog Franz Ferdinand durch einen unnatürlichen Tod. Gemeinsam mit seiner Frau wurde der Erzherzog bei einem Attentat in Sarajevo erschossen. Diese Tat erschütterte die Monarchie und wurde als ein Zeichen der erstarkten nationalen Bewegung auf dem Balkan gewertet. Einen Monat nach den Vorkommnissen in Sarajevo erklärte Österreich-Ungarn Serbien den Krieg. Dies hatte durch lange zuvor geschmiedete Bündnissysteme eine wahre Flut von weiteren Kriegserklärungen zur Folge, zunächst war fast ganz Europa und später fast die ganze Welt involviert. Es war ein Krieg, den eigentlich alle begrüßten. Endlich konnte man seinen Nationalstolz auch mit Waffengewalt demonstrieren. Die Menschen umjubelten ihre Soldaten, die in den Krieg zogen.

Das eine große Bündnis vereinte Österreich, Deutschland und Italien, auf der anderen Seite gab's die Entente cordiale, die zuerst zwischen Frankreich und England geschlossen wurde und der dann auch noch Russland beitrat. Die Menschen gingen auf beiden Seiten von einem kurzen Krieg aus, doch es wurde ein langjähriger Flächenbrand, ein lähmender und menschenvernichtender Stellungskrieg, der alleine in Österreich jeden 47. Staatsbürger das Leben kostete.

Die Gesellschaft wiegt sich noch berauscht im Walzertakt, als Bertha v. Suttner in ihrem Buch „Die Waffen nieder" das große Völkermorden bereits heraufdämmern sieht …

1916 starb der alte Kaiser Franz Joseph, der nicht weniger als 68 Jahre regiert hatte. Sein Nachfolger wurde sein Großneffe mit Kaisernamen Karl I. und bei seinem Antritt war irgendwie schon klar, er würde der letzte Habsburger an der Spitze des Staates sein. Zwei Jahre später war der Krieg zu Ende. Die Entente hatte gesiegt. Die Doppelmonarchie zerfiel in ihre Einzelteile, was übrig blieb war Österreich. Gebietsmäßig war das eher bescheiden.

Der Kaiser wurde verabschiedet. Bis heute ist nicht ganz klar, ob es nun eine Abdankung oder doch nur ein Verzicht war.

Als Jäger ein Schlächter („Lebensstrecke": über 200 000 Stück Wild), war Thronfolger Franz Ferdinand politisch einlenkend und besonnen. Dennoch löst eine Fehlentscheidung bei seiner Reisewahl den Ersten Weltkrieg aus …

Für die „Strafexpedition" gegen Serbien sichert sich der Kaiser beim deutschen Nachbarn ab! – Ein Bündnis, das man nicht so schnell wieder los wird …

Die Monarchie liegt danieder! Das Ende des Doppeladlers …

Der fromme Kaiser Karl herrscht wie sein Vorgänger „von Gottes Gnaden"! An der Front, wo er sich persönlich vom Heldenmut seiner Soldaten überzeugt, zeigt er auf wunderbare Weise seinen guten Kontakt nach ganz oben: So wird berichtet, dass der Kaiser, obwohl vom Giftgaseinsatz nicht begeistert, dennoch für günstige Winde sorgt und durch eine geheimnisvolle Krampfadernepidemie die feindlichen Reihen zeitweise in die Knie zwingt …

ERSTE REPUBLIK

„Der Rest ist Österreich", meinte der französische Ministerpräsident Georges Clemenceau. Und wir wussten nicht so recht, wie es weitergehen sollte. Den Anschluss an Deutschland verboten die Siegermächte.

Im Februar 1919 gab es die ersten Wahlen, an denen erstmals auch die Frauen teilnehmen durften. Fast 84 Prozent gingen hin und machten die Sozialdemokraten zur stärksten Kraft, knapp vor den Christlichsozialen und den Deutschnationalen. Erster Staatskanzler wurde Karl Renner, der einer großen Koalition vorstand. Doch nach nur zwei Jahren wurden die Streitereien so heftig, dass die Schwarzen meinten: „Es reicht!" und Neuwahlen lostraten, weil sie hofften, dabei Nummer 1 zu werden. Eine Taktik, die die ÖVP bis heute mit unterschiedlichem Erfolg praktiziert. Damals ging's auf jeden Fall auf und die Wähler stärkten die Christlichsozialen, die ab nun mit den Großdeutschen koalierten und die Sozialdemokraten für die Dauer der Ersten Republik in Opposition hielten, was diese eigentlich auch wollten, denn so war es leichter, radikale Phrasen von sich zu geben. Die Auseinandersetzung zwischen den beiden Blöcken war keine feine. Beide hatten paramilitärische Einheiten und das Aufrüsten mit Worten und Taten ging munter drauflos. 1927 eskalierte das zum ersten Mal. Da brannte der Justizpalast, und nach einem höchst zweifelhaften Gerichtsverfahren und dem Ausbruch der Weltwirtschaftskrise machten die Christlichsozialen Schluss mit lustig und der kleinwüchsige Kanzler Dollfuß – ein Bildnis ist noch heute im ÖVP-Klub zu betrachten – schaltete das Parlament aus und regierte ab nun autoritär. Er ließ Parteien und Gewerkschaften auflösen, und als die Sozialdemokraten im Februar 1934 versuchten, sich mit Waffengewalt zu wehren, wurde das mit Bundesheer und Heimwehr sehr schnell blutig und endgültig niedergeworfen. Doch Dollfuß konnte sich seines Sieges nicht allzu lange erfreuen, denn er hatte auch die Nationalsozialisten verboten, die in Deutschland bereits die Macht in ihren Händen hatten. Die fanden das gar nicht so gut und versuchten ihrerseits einen Putsch, der zwar nicht gelang, aber Dollfuß das Leben kostete. So musste der

Die österreichische Gesellschaft ist tief gespalten …

„Immer Ärger mit den Proleten!" – Engelbert Dollfuß, unumschränkt herrschender christlichsozialer Bundeskanzler (auch von Gottes Gnaden), fährt gegen die revoltierende Arbeiterschicht schwere Geschütze auf …

Große Zeit für Rattenfänger! – Massenarbeitslosigkeit und Verelendung treiben den Nazis die Massen zu …

bisherige Unterrichtsminister Schuschnigg nun den österreichischen starken Mann spielen. Doch da gab es einen aus Braunau stammenden Österreicher, der diese Rolle in Deutschland noch um einiges ernster und verbissener mimte. Adolf Hitler hieß er und regierte seit 1933 in Deutschland, doch das war ihm bei Weitem nicht genug. Seine erste gebietsmäßige Begehrlichkeit richtete sich auf seine Heimat. Er setzte Schuschnigg bei einem Treffen im Februar 1938 derart unter Druck, dass dieser zu allem Ja und Amen sagte. Damit verschwand nun für ein paar dunkle Jahre Österreich komplett von der Landkarte.

Sigmund Freud muss trotz aller Genialität erkennen, dass nicht alle Geisteskrankheiten heilbar sind …

NATIONALSOZIALISMUS

Es war Anfang März 1938 und nach fast tausend Jahren gab's Österreich nun ganz einfach nicht mehr. Mit dem Anschluss, der vom nationalsozialistischen Bundeskanzler Seyß-Inquart in Linz am 13. März, einen Tag nach seiner Ernennung, unterschrieben wurde, war Österreich ein Teil des Deutschen Reichs. Die Welt interessierte das nur wenig, gerade einmal Mexiko war weit genug weg, um mutig zu sein und dagegen zu protestieren.

Adolf Hitler ließ es sich nicht nehmen, sich für die recht einfache Gebietserweiterung persönlich feiern zu lassen. Und weil wir Österreicher ja schon immer etwas übrig hatten für Spektakel und Inszenierungen, säumten viele freudig rufende Menschen den Weg des Führers. Am 15. März war dann der große Auftritt am Heldenplatz in Wien. Es war ein Dienstag, also ein ganz normaler Arbeitstag, aber Betriebe, Ämter und Schulen hatten geschlossen. Gemeinsam ging man Hitler schauen und auch zujubeln.

Doch der Begeisterung folgte in vielen Gesellschaftsschichten die rasche Ernüchterung. Die ehemaligen politischen Eliten machten schnell mit der Geheimen Staatspolizei (Gestapo) und deren unmenschlichen Methoden Bekanntschaft. Fast gleichzeitig begannen die Judenverfolgungen durch die SS und SA und viele, viele Zivilisten halfen dabei. Am 1. April erfolgte schon der erste Transport von 150 Österreichern ins KZ Dachau. Und am 8. August im selben Jahr wurde das KZ Mauthausen errichtet, welches in den nächsten Jahren bis zu 49 Nebenlager hatte. 335 000 Menschen wurden nach Aufzeichnung der Lagerleitung hier festgehalten und offiziell mehr als ein Drittel umgebracht, in Wahrheit waren es noch viel mehr. Und das war wieder nur ein Bruchteil von jenen Menschen, die durch die systematische Ausrottung ganzer Bevölkerungsteile in all jenen Teilen Europas, in denen die Deutsche Wehrmacht einmarschierte, ihr Leben lassen mussten.

Adolf Hitler wollte immer mehr Gebiete beherrschen. Am 1. September 1939 begannen so die deutschen Truppen Polen anzugreifen und lösten damit den Zweiten Weltkrieg aus, der bis ins Jahr 1945 50 bis 55 Millionen Menschen das Leben kostete.

Am 8. Mai 1945 war Österreich zur Gänze von amerikanischen, britischen, französischen und russischen Truppen besetzt. Österreich gab es zwar wieder, doch noch war es ein besetztes Land, das wirtschaftlich am Boden lag und politisch nicht eigenständig agieren konnte.

Letzte Sprrrechprobe vor der großen „Anschlussparty" auf dem Victor-Adler-Markt. Sollten – wenn überhaupt – Zweifel bestanden haben, so werden sie durch die richtigen Argumente rasch ausgeräumt und weichen grenzenloser Begeisterung.

Deutsche
Unsere Ehr
heisst
TREU
ARIER BETR
Heil!
ACHTUNG
Juden
100 Stück
zu den Duschräume
zu

Die Wirtschaft boomt! – dank der „ordentlichen Beschäftigungspolitik" im Dritten Reich …

LOCUS SECRETUS

Die Deutsche Wehrmacht ist wegen ihrer „Geheimwaffen" überall gefürchtet! – Hier eine davon: Eine Kinderkompanie des Volkssturms ...

*Während die Welt im blutigen Chaos versinkt,
geht der Heilige Stuhl in sich! – Man möge nachsichtig sein,
der Papst ist ja auch nur ein Mensch ...*

ZWEITE REPUBLIK

Die Kirche erwacht rechtzeitig aus ihrer Lethargie, besinnt sich ihrer mitmenschlichen Verpflichtungen und verhilft so manchem braunen Schäfchen zurück auf den rechten Weg (z. B. nach Argentinien)!

Schon 1918 war Karl Renner einer jener Männer, der eine wichtige politische Position besetzte, und auch 1945 spielte er eine zentrale Rolle. Er wurde erster Bundeskanzler der Zweiten Republik. Österreich war viergeteilt. Im Osten hatten die Russen das Sagen, im Süden sprachen die Entscheidungsträger britisches Englisch, amerikanischer Slang war in Oberösterreich südlich der Donau und in Salzburg zu hören und nobles Französisch in Tirol und Vorarlberg. Wien wurde nochmals in vier Besatzungszonen geteilt. Nur der 1. Bezirk wurde von den Besatzern gemeinsam genutzt. Das blieb dann 10 Jahre so, doch für alle war klar, dass Österreich wieder ein eigenständiges freies Land werden sollte. So fanden auch schon 1945 die ersten bundesweiten Wahlen statt. Drei Parteien traten an, die ÖVP, die SPÖ und die KPÖ, die sich durch die russischen Besatzer Vorteile erhoffte, doch dem war nicht so. Leopold Figl von der ÖVP wurde Bundeskanzler einer Konzentrationsregierung, aus der nach einiger Zeit die KPÖ ausschied. Das gemeinsame Ziel war klar: Österreich wieder aufzubauen und die Souveränität erlangen. Ab 1949 durfte dann auch eine vierte Partei antreten: der WdU (später VdU und Vorläufer der FPÖ) erhielt gleich bei der ersten Wahl über 11 Prozent der Stimmen, vor allem aus dem Topf der diesmal zum ersten Mal zur Wahl zugelassenen ehemaligen Nationalsozialisten. Raab löste Figl ab und die zwei großen Parteien bildeten nach jeder Wahl wieder eine sogenannte Große Koalition, die damals auch noch wirklich groß war.

1955 war es endlich so weit. Angeblich soll der niederösterreichische Wein mitgeholfen haben, dass nun auch die Russen in den Staatsvertrag einwilligten und Außenminister Figl die bewegenden Worte vom Balkon des Schlosses Belvedere sagen konnte: „Österreich ist frei!"

Das Land wuchs und gedieh und wurde von

Nachdem die Männer ganze Arbeit verrichtet haben, kommen jetzt die Frauen dran …

Endlich ist es so weit! Am 15. Mai 1955 erhält Österreich seinen Staatsvertrag und die Alliierten verlassen nicht ganz einig über die zukünftige politische Richtung das von den Nazis befreite Land …

Gesellschaftstopografische Darstellung Österreichs anhand eines Schubladensystems.

Österreich ist in der ganzen Welt berühmt für seine Spanische Hofreitschule …

einem Schandfleck aus Schutt und Asche zu einem Schmuckkästchen Europas. Die Bundeskanzler kamen und gingen. Sie kamen einmal von den Roten, dann wieder von den Schwarzen. Das Land wurde immer reicher, doch mit der gerechten Verteilung haut das bis heute noch nicht so hin. Und auch die Natur ist nicht gerade der Gewinner der letzten Jahrzehnte, auch wenn's nun schon eine eigene Partei, die Grünen, dafür gibt.

Aus der „Insel der Seligen", wie uns einst Papst Paul VI. nannte, wurde ein moderner und europäischer Kleinstaat und Mitglied der EU. Und nach wie vor sind wir stolz auf unsere Berge, unsere Kultur und unsere Schifahrer, auf die Fußballer gerade etwas weniger …

... für die Sozialpartnerschaft ...

... und für seine Prachtbauten.

Seit 1. 1. 1995 sind die Österreicher auch Europäer! Ein Umstand, der nicht immer mit voller Begeisterung wahrgenommen wird …

Nicht zuletzt wird Österreich auch um seine Hochkultur beneidet.

GEIZ IST GEIL
IKEA
IKEA Südwest
IKEA SÜD
IKEA Ost

… und sonst geht's uns gut …

EPILOG

In ferner Zukunft ...